Geliebtes Feuer

Lyrik gelebter Alltäglichkeiten

Nico Schieback
1991 -2008

AF222721

Für jene, die nicht
verurteilen, dass meine
Natur die Mitteilung nötig
macht, ja – die Mitteilung
ist.

Herstellung und Verlag: BoD - Books on Demand, Norderstedt
Dezember 2017, 6. Auflage

© Nico Schieback, Eisenach 2017
Alle Rechte für diese Ausgabe bei Nico Schieback

Fotos: C. Hensel, N. Schieback

ISBN: 978-3-8370-8159-6

Kontakt: nico.schieback@gmx.de

Auch ist das vielleicht nicht eigentlich Liebe, wenn ich sage, dass Du mir das Liebste bist; Liebe ist, dass Du mir das Messer bist, mit dem ich in mir wühle.

Franz Kafka

prometheus

hilflos
wenn er über mich kommt
der vogel der
angst

immer wieder

seine krallen reißend
in mir
wühlend

qualvoll

entringt sich
meinem herzen ein schrei

echolos

12.10.91

chance zur entlastung der angeklagten

man sagt
liebe macht blind

aber
macht sie so blind
dass du ihn mit mir verwechseln konntest?

13.10.91

der schrei

geknebelter schrei zum horizont
verborgen
dem schwarzen widerhall
kalt und strahlend scharf
zu entgehen

häßlich und klein
verkümmert da ein frühling.

22.03.92

semantik

vermissen und verfluchen
tod und auferstehung
vergessen und verdrängen
beweinen und verlachen
demütigung und stolz

semantik der
zerstörten liebe.

22.01.92

der tod lächelt

da findet er sich,
hinter ihm das leben,
vor ihm der lockende abgrund in
gleißend warmem licht,

und der tod lächelt.

19.10.93

gebt mich frei

mitgeschleift in
den klauen eurer so
unerträglich blinden liebe
liegt meine seele
brach
zerschürft
bis zur unkenntlichkeit
entstellt

erspart mir doch
das schöne und werte
eure bunt schillernden seifenblasen

spürt die kälte
versteht und
gebt mich frei

gebt mich doch endlich frei.

19.10.93

gespenstisch

ich laufe durch den
frischen schnee
der
unter meinen schritten
ächzt und stöhnt
und wage es
nicht
mich umzudrehen

wohl aus angst
ich könnte
keine spuren hinterlassen.

18.11.93

glück

leise
rinnt das glück aus den
winkeln meiner augen
teilt das licht am
schmalen glitzern der haut und
tränkt den warmen
samt deiner lippen.

13.06.00

stille

ruhig dein atem
verborgen warmer glanz
der augen und das sanfte
lächeln deiner lippen
befreit die schöne
geliebte das
kind

auf
hilflos
behütete haut
streichelt meine hand die liebe.

14.05.04

abenteuer

wenn wir,
einem papierschiffchen gleich

uns in glitzernden wellen verlieren

vom strom getragen
in nie gefühlten farben tanzen

ohne ufer je
zu sehen...

15.05.04

angst

mit dem rücken zur wand
stehst du da
sträubst das nackenfell und
fletschst die zähne

da wage ich es einfach
nicht
dir die hand zu reichen.

15.05.04

existenzfrage

wenn sich die frierende hand
mir entgegenstreckt
im hause gottes
und bittet um brot und wärme
dann

frage ich mich
welcher teufel sie
hierher geritten hat.

15.05.04

klangzauber

wenn du gegangen bist
schließe ich meine augen
und
komponiere mir aus den
feinsten noten deines duftes und
deiner wärme auf meiner haut
eine melodie
welche mich noch
lange nach dir beben lässt.

15.05.04

mathematik

alles ist berechenbar

zinsen
winkelfunktionen
logarithmen
statistiken und
sogar wahrscheinlichkeiten

nur mit dir -
mit dir habe ich nicht gerechnet.

16.05.04

naturgewaltig

mit leiser frage in den augen
ergibst du dich an den moment
legst den kopf zurück und
enthältst dich jeder wehr

vertraute hände
fordern dich und
feuermund zwingt deine
sehnsucht zitternd auf die haut

bebend
treibst du zwischen den gewalten und
entlädst an mir ein
gewitter der lust.

16.05.04

gladiator

mit starker klinge
hieb um hieb meiner
schilde beraubt
sinke ich vor dir in den staub

gezeichnet vom schmerz
und ringen um unversehrten stand
entblößt der abgelegte panzer meinen
nackten wehrlosen leib

in deine hände ergeben
die seele dargereicht
empfange ich gesenkten hauptes
die gnade deiner liebe.

25.05.04

verrat

seidenfein
umspielt mich ein
zarter hauch
küsst tausend flügel in mir wach
und atmet sich in
jeden gedanken

sanft
verraten dich
die leisen schauer auf meiner haut.

25.05.04

leichtfertig

wer da behauptete
die gedanken seien frei
ist dir wohl nie begegnet.

13.06.04

dünnes eis

als wir uns so still begegneten
begab ich mich auf dünnes eis
ohne zu wissen
dass es mich so weit tragen würde.

und nun lenke ich
behutsam noch und mit bedacht
meine schritte weiter in
deine richtung.

20.06.04

karussell

ich
bin ich
wer bin ich
wer bin ich für dich
wer war ich für dich
wer kann ich für dich sein
wer kann ich für mich sein
wer war ich für mich
wer bin ich für mich
wer bin ich
bin ich
ich?

20.06.04

seenot

kann ich
das schiff auf kurs bringen
ohne sterne am himmel?

kann ich
die endlosen wasser queren
ohne wind in den segeln?

kann ich
den mut mir erhalten
auf diesem wrack?

kann ich?

20.06.04

seenot - nachtrag

reicht es
zur rettung,
nachts mit dir in
den himmel zu schauen?

21.06.04

gewitter mit regenbogen

weil
du mich spürst
drängst du mich zu stift und papier
um wortreich zu malen
ein gewitter mit regenbogen

weil
du um mich weißt
lockst du mich (oh du sirene)
in die schwüle des moments und
dringst in jede pore

weil
du dich spürst
drängst du mich zu stift und papier
um wortreich zu malen
dies gewitter mit regenbogen.

28.06.04

hinter dem horizont

da stehen wir auf dem weg
der unsere schritte einen sollte und
schauen angestrengt zum horizont

als wüssten wir nichts
von der krümmung der erde.

26.06.04

ganz still

ganz still saß er
kehrte in sich ein
und erwartete die feinen vibrationen
die ihre worte einst erzeugten

befühlte seine seele
die reglos lag in leeren räumen
und sehnte den warmen herzschlag
ihrer nähe

ganz still saß er
kehrte aus sich aus mit leiser ahnung
und weinte.

27.06.04

als du gingst

als du gingst
war da nichts weiter
als eine große leere

und meine liebe
die schmerzhaft langsam
träne für träne
ihre vergangenheit gebar.

03.07.04

assoziiert

trennen
sich sauber und voneinander
lassen
dich los oder sich gehen oder zeit
geben
eine schuld eine hoffnung auch raum
erkennen
was war und dich und einen weg
gehen
allein aufeinander zu mir
finden.

03.07.04

finsternis

wie lange noch
willst du deine augen schließen
nur
um die finsternis
nicht zu sehen?

03.07.04

mal `ne frage

woher nur
nehme ich meine kraft
wenn das leben
dich
zu boden wirft?

03.07.04

paradox

ich sitze in dem
gut beheizten zimmer,
denke über uns beide nach
und friere.

03.07.04

kalter frühling

ängstlich
zaghaft nur
tastet sich die blume in den
frühling der gefühle
warm zu erblühen in
hoffnungsvoller schönheit

doch
eisiger hauch deiner worte
gläserne
klirrende
starre

03.07.04

geliebtes feuer

auch wenn du,
geliebtes feuer,
mich schmerzlich brennen wirst,
werden deine narben mir
immer bedeuten,
wie gern ich in deine
umarmung fiel.

04.07.04

hinweis

bedenke
wenn du dich auf den weg zu mir begibst,
dass du mich nicht an jener stelle
abholen kannst,
an der du mich zurückgelassen hast.

04.07.04

experiment

mir das herz aus
der brust reißen und
schauen, ob es
blutig vor mir liegend,
immer noch
so schmerzhaft schlägt.

05.07.04

wenn ich

wenn ich mich hülle in den
mantel deines seins und
tränen trinke deren damm ich brach

wenn meine worte dich streicheln
wie ein sommerwind die
heiße stadt

wenn ich dich küsse mit
scheuem leib und
zaghaft bebender seele

wenn ich dich berühre
dann berühre ich mich.

05.09.04

moment ohne zeit

ich fiel aus dem himmel
als steinerner vogel und
berührte die angst im
moment ohne zeit

ich fiel aus dem himmel
mit stillen tränen und
berührte mich selbst im
moment ohne zeit

05.10.04

dein augenblick

wenn er dir das wort verwehrt
dein sanfter mund so traurig schön
fall ich tief in deine augen
laß mich deren wege gehn

sie öffnen mir grünbunt das licht
das buch der ungesagten worte und
unter leisem feuchten schleier
les' ich was es mir verspricht

hoffnung schwimmt da und die frage
nach dem weg in unser glück
und mit der augen wasser kraft
gibst du mir die schuld zurück.

11.10.04

nike

auf samtenen pfötchen
näherst du dich
mit zärtlich fordernder lust
atmest leis den frieden und
legst dich zu mir

weich gießt die nähe
deinen leib an meinen
schmilzt wärme sanft die haut

aus halb geschlossener augen grün
blinzelst du: ich liebe dich
und mit behaglichem räkeln
schnurren wir uns von
dieser welt.

13.10.04

neu inszeniert

er: wenn es liebe ist
            gemeinsam zu gehen
            in ein tränenmeer
sie: du fehlst mir so

er: gemeinsam zu ersticken
            im schmerz
sie: ich liebe dich doch auch
            und...

er: wenn es liebe ist
            gemeinsam zu leugnen
            was jung erblüht
sie: es tut mir so leid

er: dann
            haben wir die liebe
            wohl neu erfunden.

(für nike)

15.10.04

flüchtig

führt die liebe dich an
gräben und tiefe wasser,
und du musst springen,
schwimmen, und trotzen der
wellenberge kraft,

dann lauf mädchen,
lauf!

15.10.04

frage eines liebenden?

wenn ich springe
in dies neue leben
wenn ich es wage
taumelnd im sturzflug
zu dir

wirst du mich fangen?

16.10.04

sommermärchen

inmitten dieser großen stadt
bedrängt von dichtem nebelgrau
beton und schlafloser hast
wagte einst dies zarte
blümchen den
weg ans licht

gehüllt in den mantel der angst
durchbrach es fein gegliedert
sanft doch kraftvoll
die trockene kruste und
belebte sich im sommergrün
der hoffnung

das sonnenlicht
kam fern aus süden
und wärmte doch
lies erblühen die blume in
schillernden farben der phantasie
lockte verheißungsvoll ins leben

einst
inmitten deiner großen stadt
bedrängt von dichtem nebelgrau
beton und schlafloser hast
wagte dies zarte
blümchen den weg
ans licht.

20.10.04

lass ruhen

wenn du mich lachen
sehen willst
lass ruhen unberührt
was alte narben reißt

schenk mir meinen schmerz
lass mir den kummer
manche träne auch und
frag mich nicht

wenn du mich leben
sehen willst
lass ruhen unberührt
was alte narben reißt.

(für s.)

21.10.04

danksagung

da sitze ich und
reihe worte aneinander
die berichten von mir
verletzter liebe und schmerz

da sitze ich und
danke all der neuen technik

denn der alten dichter tinte
hätten meine tränen längst
verwischt.

21.10.04

du weißt

du weißt
ich gehe zu ihr
und es tut weh
ich lache mit ihr
und es tut weh

ja selbst der streit mit ihr
bereitet schmerzen
und auch dass wir den weg
noch teilen

doch was du nicht weißt:
ich liebe dich
und es tut weh.

22.10.04

exit

dieser mut,
den du für jeden
deiner sprünge aufbringst,
hätte auch für uns gereicht.

(blue skies!)

21.10.04

der fels

ein fels warst du
mächtig und stark in der brandung
lustvoller wellen kraft zerbrach
an deinen scharfen klippen und
verlor sich in tosendem schaum

es war ein segen
solange du mich liebtest
ein fluch
als du gingst.

21.10.04

glaubensfrage

wem soll ich glauben dass
liebe sich auflöst wie
morgennebel in der sonne des
erwachenden tages

deinen augen
in denen sie feucht glitzernd
schwimmt oder

deinem mund
der reine worte nicht
wagt oder

meinem herzen
dem die zweifel so
unnachgiebig lästig schmerzhaft
immer wieder die gleiche frage stellen?

22.10.04

schreiben

das ventil
meiner gefühle
öffnen

der druck
würde sonst
zu groß.

23.10.04

manchmal nachts

wenn erinnerungen die
träume küssen,
suchen meine augen diese
roten ziffern an der decke,

wandere ich, begleitet vom
starten und landen der flieger,
vorbei an skulpturen aus
sand,

die große leinwand
lebender bilder sehe ich,
brüllende löwen und kleine hasen
im herzen der stadt,

und manchmal nachts,
wenn du meine träume küsst,
verhallen ungehört die rufe,
und ich weine mich leise zurück
in den schlaf.

23.10.04

vermutung

liebe
an sich
ist nicht zu bereuen

vielleicht
aber die entscheidung
sie gar nicht erst zu
wagen.

23.10.04

dammbruch

ich schreibe und schreibe und
schreibe und
die strudel meiner gefühle
ergießen sich auf's papier, und
mitten im strom treibt
die angst,
meine wasser könnten dich nicht mehr
erreichen.

24.10.04

nicht zu fassen

geschickt
umgehst du meine worte,
drehst, schlängelst und
windest dich mit
geschmeidiger bewegung

wie
kann ich dir
dann je begegnen?

25.10.04

herbstliches

in einem
letzten stolzen akt
bündeln die wälder
ihre kraft und
verkünden in
mächtigen flammenfarben
die kalte zeit

selbst
der regen vermag
dies feuer nicht zu
löschen.

26.10.04

noch unklar

bedaure ich dich,
oder besser mich,
vielleicht auch eher uns?

ich weiß es nicht,
bedaure.

25.10.04

deflation

all meine worte
bringen
keinen gewinn mehr

die nachfrage auf
deiner seite ist
einfach zu
gering.

27.10.04

fado

sing
für mich
nur ein lied

erzähl meine liebe
ihre sehnsucht
tanz die freude und
das feuer des begehrens

mal' schwarz mir die welt
laß deine stimme
meine tränen weinen
in allem schmerz dessen
ich fähig bin
und

sing
für mich
nur ein lied.

(danke telmo pires)

27.10.04

triumpf

in den spiegel
schauen
und
den fragen
meines gegenübers
nicht mehr
ausweichen müssen.

28.10.04

an das burgfräulein

die
sonnenstrahlen meiner liebe
mögen die mauern um dich
wohl angenehm
erwärmen

sprengen
können sie diese
jedoch
nicht.

29.10.04

aufgeklärt

es ist nicht dass du gehst,
denn abschied nehmen wir
jeden tag,
oft genug mit tränen

und auch nicht,
dass die erinnerungen,
deine stimme, dein geruch
honigzäh an mir kleben

und sicher ist es nicht
die angst, allein zu sein,
bin ich's doch längst und
atme noch

es sind wohl deine worte,
die so unverbindlich
egal
der untergehenden sonne
die langen schatten
verweigern.

04.11.04

farblehre

ein blick nur
in deine augen und
blau zählt
entgegen allen regeln
der kunst
zu den warmen farben.

04.11.04

verwaltungsakt

nach gründlicher
prüfung des sachverhalts
erteile ich mir
hiermit
die erlaubnis
wieder frei
ins leben empfinden zu
dürfen

gegen diesen bescheid
stehen dir
keine rechtsmittel zur
verfügung.

05.11.04

was bleibt

was bleibt ist unser frieden,
deine schritte im immergleichen rhythmus,
die nähe eines gesichtes,
das im zorn ich nie erfuhr

was bleibt ist der held,
aus dessen starken schatten ein
kleiner junge seine ersten schritte ins
leben tat, und
bilder und stimmen, die unaufhörlich,
um dich zu halten,
wie einst penelope am
kostbaren teppich der erinnerung
weben

doch auch der mensch bleibt,
der aufrechte,
fest verwurzelte mann,
herausgefordert zum duell,
gebeugt und wankend
im getöse irrender
jugendstürme
und

was bleibt,
bist du lieber vater,
und deine spuren auf
meinem weg.

10.11.05

bittere heimkehr

so
kehre ich zurück
zu euch,
ihr geheimen engel,
nach kurzer
schwerer
langer reise,

kraftlos
senke ich das
haupt und erflehe
eure hilfe,
denn

der teufel
hat mich wieder.

08.11.04

gezeiten

mit der flut
begegnen wir uns für kurze zeit
gespült an die wankenden ufer der liebe
dann finden sich unsere lippen
begierlich und seit ewigkeiten
einander bestimmt

mit der flut
streichelt deine haut die meine
wie strandende wasser den warmen sand
vereinen sich seelen in
schäumender gischt und sterben
tausend bunte tode

mit der flut
treibt auch die angst
vor weichender wellen kraft
blankem mond und kalter nacht
und mit der flut
begegnen wir uns für kurze zeit

07.05.05

unbelehrbar kriminell

ich würde

deine türen entriegeln
und die fenster,
einsteigen in dein leben,
dein herz dir stehlen,
bergen und hüten die
kostbare beute

fingerfertig dir ein
lächeln aus der tasche ziehen,
verzückt entrückt mich baden
im glanz deiner augen opale,
und dir gleich an der haustür - sehr trickreich
einen kuss entlocken

ich würde

dir folgen wie ein schatten
auf schritt und tritt,
mit lustvoll tastenden blicken auf
deiner haut,
mich entblößen bis auf den grund
meiner seele

mich hemmungslos an
dir berauschen,
dich atmen, dich trinken,
und dann spielen ums glück
mit dir im ärmel

und verzeih mir -
ich würde es immer wieder tun.

18.05.05

so viel von dir

so viele fragen wenn
ich in deine augen blicke
nach dem jetzt und dem morgen

so viele worte
die den mund nicht verlassen und
sich kraftlos veratmen

so viele mauern
die ich nicht zu sprengen vermag
weil deine angst sie stärkt

so viel liebe
die schwer trägt an der last
ihrer gefangenschaft.

18.05.05

der vorleser

entbunden mit dem ersten wort
erwacht die glut,
atmet deinen herzschlag,
seite um seite die
gunst der nacht

im raum der stimme
schwelt der brand,
erregt bedrohlich wunschkind,
entflammt sich lodernd an
zarter berührung von haut

und brennt nach
brennt nach
nach.

19.05.05

virtuelles

deine worte zeichnen linien
konturen leise ahnung nur
schaumgeboren erblickst du
grau auf weiß
das licht meiner welt

der jugend stimme melodie
bricht lustvoll mir das licht
und ich male dich fragilen traum
wie glitzernd sonnensee
auf die leinwand der phantasie.

22.05.05

differenziert

begehren allein
sehnt die erscheinung,
fügt deren teile wählerisch
zu einem bild, das
bereits existiert

liebe begreift
das äußere als hülle des seins
und erfährt
sichtbares und unsichtbares
zugleich.

26.09.05

aushalten

innehalten
stehen bleiben
luft holen ganz tief
mit geschlossenen augen
leise kopf, leise!

muss hören was
ich mir zu sagen habe
solang die stimme noch trägt
erspüren was des verstandes mauern
mir verwehren
und

aushalten mich
stehen bleiben
luft holen ganz tief
mit geschlossenen augen.

23.11.05

wortgewalt

vom bogen geschnellt
in geistes nebeldunst
trifft dich mein wort
so tödlich wie einst des paris` pfeil
achilles

fassungslos
ob der wucht des geschosses
taumelst du wider seinen ursprung
und rasender schmerz verschleiert
dir die augen

in die stille
fleht meine zitternde hand
um vergebung.

14.12.05

novemberschnee

augenblicke im
feuer der späten sonne

worte die sprudeln wie
die wasser des quells und fröhlich
zu tale springen vom brunnen
über den kleinen fall

ein fleckchen
weißkristall novemberschnee

zarte balance ohne schuld.

15.12.05

stillleben

sie waren vergilbt,
gemeinsam mit der tapete im raum,
der dumpfe schleier hatte sich,
ungefragt und gleichgültig,
über sie gelegt,
noch ehe ihre blicke sich mieden

ein letztes
gesprochenes wort
hing zwischen ihr und ihm,
kalter rauch in ergrauten gardinen,
damals wie jetzt ohne kraft
und bestimmung

einzig die zeit
verlieh von der wand herab
dem sterben
struktur.

07.01.06

verführung

du bist das ziel,
hab dich fest im visier,
mit der gelassenheit des siegers
belagere ich deine stolze burg.
die schwächen deiner verteidigung
hab ich längst erkannt und
instinkt und erfahrung bestimmen
die strategie meiner eroberung.

es ist meine schlacht, mein spiel,
geschmeidig und im fluss
wie das leben selbst.
es ist täuschung, magie,
nach der du dich so sehnst und
die deine phantasien schürt.
nimmersatte eitelkeiten,
erregende nähe, schuld,
angst, gesprengte grenzen,
lust und schmerz bis zu
deiner kapitulation im
vollrausch absenter moral.

es ist krieg, dieses spiel,
du meine beute,
geliebt und verachtet,

es ist krieg, dieses spiel.

02.01.06

reife einsicht

heute, vater,
begreife ich,
dass mich deine fragen
immer begleiten werden

so wie die antworten,
die ich seit jahren trage,
und die mir bürde sind und
unruh in meinem leben

heute, vater,
begreife ich,
dass es die fragen sind
die du mir nie gestellt hast.

12.01.06

trockene feststellung

ich bin
mir unbequem geworden
passe mir nicht mehr
und nicht mehr in die alte haut

mein prächtiges goldenes spiegelbild
hat risse bekommen
ist spröde und hässlich wie alter putz
bei jeder bewegung bröckelt nun
die fassade aus lügen und angst

an manchen stellen
kann ich mich selbst schon
erkennen.

14.01.06

warum ich will

küssen will ich,
deine lippen, deine schultern und
die zähne schlagen in deinen hals,
mit meiner zunge schmecken
das erregte frösteln deiner haut,
will macht, dich bedrängen,
be-greifen in zerwühlten laken,
mich betrinken in deinem nassen schoß,
in dich dringen, besinnungslos beben
in deinem zuckenden leib.

ich will dich jetzt,
doch nicht um dir zu sagen wie
wundervoll du bist, oder dass alles sinnlos ist
ohne dich an meiner seite

ich will dich jetzt
für diesen urknall der lust.

15.01.06

winterspaziergang

als ich durch den wald lief
um mit mir allein zu sein,
umfing mich die klirrend kalte luft
mit jener gedämpften ruhe, in der
selbst schnee nicht lautlos fällt

in sanfter gleichmut rieselte das weiß
aus dick verschneiten wipfeln,
und zauberte im licht der
steigenden sonne ein gleißendes
meer funkelnder eiskristalle

leicht und unberührt
tanzten meine gedanken mit sich selbst
in winterlichem frieden,
bis an der lärmenden straße
die stille jäh zerbrach.

15.01.06

warum ich will - romantisch

küssen will ich,
deinen mund, deinen hals,
will lautlos wispern
an deinem ohr,
meine zunge auf reisen schicken,
im bummelzug, über die berge bis tief nach süden,
dich sanft begreifen, gemälde hauchen auf
jeden zentimeter haut,
in dich dringen,
schmelzen und fließen wie schokolade in der
schwüle deines schoßes.

ich will dich jetzt,
doch nicht um dir zu sagen wie
wundervoll du bist oder dass alles sinnlos ist
ohne dich an meiner seite.

ich will dich jetzt,
um zu verglühen mit dir
in einem feuer der lust.

15.01.06

die quadratur des kreises

mit kalter logik soll ich
mein leben zerlegen,
um im geflecht sezierter existenz
dem wunder unserer liebe
raum zu geben,

soll dich, mich, und die anvertraute
neu zueinander ins verhältnis setzen,
das gleichungssystem mit
zahllosen unbekannten zu
deinen gunsten lösen,

parallel dazu, geometrisch exakt,
den halbierungspunkt ermitteln
und die achsen schneiden, die
die produkte meines lebens
an mich binden.

was du verlangst,
geliebte, vermag ich nicht
mit zirkel und lineal.

19.01.06

wer sein leben hergibt I

ich bin auferstanden, wiedergeboren,
befreit von der sucht.
kämpfen? ich muss nicht kämpfen, nicht mehr.
atme tief durch und genieße
die stärke meines willens.
ich will nicht mehr. das klingt so neu,
so gut, so sicher.

ich gehöre wieder mir,
kontrolliere mich
und entscheide selbst,
ob mich das alte verlangen besiegt.
ich bestimme,
welches gefühl mich erreicht, und wie viel davon.
die kraft erwächst allein aus mir.

ich bin stolz auf mich, auf diesen weg,
und gebe mein leben nicht mehr her,
das schicksal liegt weich in meiner hand.
höhere macht?
meine allmacht bin ich.
mein wille geschieht.

wer sein leben hergibt II

erstaunlich lange
auf trockenem boden,
verliert göttliche unfehlbarkeit an glanz.
sie scheitert bei dem versuch
freiheit zu leben,
auf neuen wegen,
in alten schuhen.

ich kenne mich,
doch den im spiegel dort,
den mag ich nicht,
den nehme ich mir nicht an,
schon gar nicht für mein ganzes leben,
denn so leicht trägt sich nicht
das stigma des gefallenen.

der irrweg endet in der
freiheit kontrollierten lebens,
einer illusion, geboren aus
kränkung, angst und zorn,
hilfloser begleiter am abgrund
zwischen erkennen und hoffen.

wie töricht
ist doch der versuch,
willentlich zu zähmen die sucht,
wie einfältig,
mit verstand zu bezwingen,
was die seele bindet.

wer sein leben hergibt III

ich bin machtlos,
und deshalb bin ich.
ich gebe auf, lege die waffen nieder.
beende den kampf und
umarme mein spiegelbild, denn
das bin ich.

loslassen kann ich, die sucht,
auch mich, ohne zu fallen.
muss nicht mehr in mauern zwingen
den fluss des lebens,
kann mich treiben lassen,
auf neuen wegen,
in neuen schuhen.

kraft erwächst mir aus vertrauen,
und ohne angst genieße ich,
dass ich nicht auf alles
die richtige antwort weiß.
ich verwerfe den plan der veränderung
und spüre im frieden den wandel.

ich bin machtlos,
und deshalb bin ich.

(danke achim)

23.01.06

am ende des weges

auf die frage nach deinem glück
antwortest du bescheiden:
am ende des weges zufrieden zurückblicken.
das klingt entspannt, nach lächeln,
nach kaffee und kuchen unter
der alten linde hinterm haus.

entschlossen verfolgst du dieses ziel,
zwingst dich in festem rhythmus zum dialog.
du analysierst in rationaler kühle dein sein,
reduzierst dich dabei auf das vermeiden
von schmerz und sicherst konsequent
die kongruenz von erwartung und realität.

am ende des weges,
wenn du zurückblickst auf dein leben,
bereinigt um widerstände und entbehrungen,
wünsche ich dir zufriedenheit, und ein
entspanntes lächeln bei kaffee und kuchen
unter der alten linde hinterm haus.

24.01.06

abspann

der film ist aus.
mit den bildern aus
vertrunkenen tagen
sind wir in schweigen erstarrt,
du in deinem schmerz, ich in meinem.

nass hängt die
erinnerung im raum,
tränen, lügen, verwaschene schwüre,
krankheit und schuld in
erdrückenden, düsteren schwaden.

atmen
müssten wir jetzt,
reden miteinander,
oder wenigstens
still weinen.

doch nicht einmal
unsere blicke
finden sich,
so fassungslos sind wir,
dieser hölle entronnen zu sein.

28.01.06

was wäre...

wenn ich dir begegnen könnte
immer wieder
in der vollkommenheit des ersten tages,
deinen augen, dem klang deiner stimme,
dem zauber deines lachens,

ich an mauern stieße,
hinter denen es dich stetig neu
zu entdecken gilt,
um dir schritt für schritt
näher zu kommen,

wenn ich dich erfahren könnte
tiefer noch als mich selbst,
grundlos und unerschöpflich
in der grenzenlosigkeit
deines wesens,

könnte ich
dich ewig lieben?

04.02.06

unbemerkt

so oft ich mein wort
an dich richte,
erstickst du es
mit einem selbstgefälligen
ja aber!
und berauschst dich,
hoch zu ross,
verzückt am klang deiner stimme.

so konntest du auch
nicht bemerken,
dass ich einfach nur
hallo! sagte.

16.02.06

entzaubert

noch immer
klingt in dir seine stimme,
die warm und zärtlich,
wie keine andere,
die sehnsucht dir entdeckt

noch immer
stillt phantasie dein begehren,
atmest du in glutheißen träumen
die lust seiner haut
und

noch immer
erstirbt der zauber des
augenblicks an deiner
flucht in die
moral.

19.02.06

lauschangriff

hallo?
ja…ich bin's. wo bist du denn?
aha.
ich bin in fünf minuten da.
nein, es schneit nicht mehr,
aber saukalt ist es.
was machst du denn gerade? achso.
hat sich der müller schon gemeldet?
den musst du morgen nochmal
wegen der waschmaschine…
ja genau. was?
da bin ich gewesen, ja.
ist aber nichts schlimmes,
ein normaler ausschlag eben.
warum das nässt weiß sie aber
auch nicht.
muss nächste woche nochmal hin.
wie? ich kann dich nicht verstehen,
hallo? hallo! … da bist du ja wieder,
wahrscheinlich ein funkloch …

… wie?
ja, kannst du machen, nimm aber
den großen topf.
der steht ganz unten im regal…
nein, in dem kleinen…
neben dem katzenklo…ja genau.
warte, muss mal eben kurz die jacke…
so, bin wieder da.
ja ich geh schon zur tür, wir halten
nämlich gleich.
hat der große sein zimmer schon
aufgeräumt? kannste ihm sagen, sonst
gibt's kein taschengeld die woche.
so schatz, …ja wir sind da.
nein, die paar meter laufe ich.
bis gleich.
ja, ich dich auch! bussi. tschüssi.
tschühüss …freu mich auch, ja…
bis gleich bärchen.
bussi. tschühüss.
bussi.

16.02.06

ausgesperrt

ich sah in dein gesicht
und verstand,
dass sich die tür zu dir
für immer geschlossen hatte.

selbst die traurigkeit in
deinen augen, sonst
leiser verrat noch atmender liebe,
war sachlich kühl erloschen.

zu weit entfernt, um meinen
herzschlag noch zu spüren,
gingst du als fremde,
stumm, mit unbewegter miene.

23.02.06

in aller freundschaft

es macht dich noch nicht
zu meinem freund,

dass du
zu mir kommst
in dunklen zeiten,
mit mitleidig trauriger miene,

um dich mit
meinem schmerz zu trösten
in deinem eigenen elend.

24.02.06

in manchen nächten

in manchen nächten
sind wir uns
so nah
dass mich
die kleinen härchen
auf deiner nase
noch vor den sonnenstrahlen
in den neuen tag
kitzeln.

24.02.06

narziss

nach jenem streit,
bereits im weggehen,
warfst du mir wütend
die frage vor die füße,
ob ich dich wirklich liebe.

hohl schlugen die worte
gegen nackte mauern
auf der suche nach
einer menschenseele in
unbewohnten, kahlen räumen

die antwort
musste ich dir schuldig bleiben,
weil ich mich in den aufgewühlten
wassern deiner augen
nicht spiegelte.

04.04.06

salz auf meiner haut

sanft wie die hohen gräser
wiegten wir uns im
sommerwind,
einen ganzen, wundervollen tag,

träumten
mit leuchtenden augen
elfen und feen watteweiß ins
azur des himmels und

aus dem irgendwo,
so zart wie deine berührungen,
klang das liebeslied
der lerchen.

dann,
mit dem kopf an meiner schulter,
weintest du, ganz still:
glaub mir, tränen des glücks

doch
das salz auf meiner haut
schmeckte nach abschied.

25.06.06

wie nah du mir bist

wie nah du mir bist
spürte ich,
als die tobenden wasser
sich über dir schlossen und
der tod nach dir griff mit
eiskalter hand,

ich um dich kämpfte
von viel zu fern,
mit starren gliedern in
panischer angst, bis
deine erstickten schreie
mir das herz zerrissen.

wie nah du mir bist
spüre ich,
wenn noch heut'
deine träume ertrinken und
du in meinen armen
stumme tränen weinst

26.07.06

reden

wir müssen reden!
nein wir können nicht nur -
wir müssen!

reden bis die münder
vertrocknen, wir uns selbst
nicht mehr erhören können,
bis jeder gedanke und jedes
gefühl vor uns liegt, zerhackt
gekaut und ausgespuckt

und dringend ist es
auch das weiß ich, ganz dringend!
höchste zeit noch die letzten
schlösser zu brechen mit
gewaltigen worten und die festung
zu nehmen

also reden wir,
bis in die kleinsten winkel,
es muss sein! – wir können nicht nur,
du beginnst und ich hör zu,
mit halbem ohr, wenn
ich mich endlich wieder spüre.

17.09.06

unberührt

flüstere, sag mir
all die schönen dinge,
doch richte deinen blick
weitab in die ferne

umarme mich,
wenn du es magst, doch
flüchtig nur, dass deine haut
mich nicht verbrennt

und musst du küssen,
weil deine lust dich sonst verzehrt,
tu es mit spitzem kindermund,
damit ein atemzug mir bleibt

und liebe mich
an solchen tagen, liebe mich,
nur sei mir dabei nicht
so nah.

18.09.06

als du mich küsstest

weich zerrann die zeit
als du mich küsstest,
löste sich vom ewigen
tod des augenblicks und
ward so leicht, schwebend fragil
in der begegnung unserer lippen

mit glühendem mund
hauchtest du dein verlangen
auf meine haut,
ein feuchtes atmen,
flehend bis in die tiefen
des bebenden schoßes

und dann ergab ich mich,
als du mich küsstest,
löste mich vom ewigen
tod des augenblicks und
ward so leicht, schwebend fragil
in der begegnung unserer lippen.

01.10.06

geschenkt

an tagen wie diesem,
wenn die blaue sonne
deiner augen mich wärmt,
durchdringt und ganz erfüllt,
der sanfte schwung deiner lippen
atem zu verheißung formt und
saiten spielt, die ich in mir
noch nie vernahm,

machst du mir
meine liebe
zum geschenk.

02.10.06

letzte nachricht an die liebe

es ist aus, endgültig.
ich bin müde,
erschöpft und leer.

du kommst und gehst
wann du willst,
rücksichtslos in deinem
jungfräulich reinen gewand,
feierst rauschende,
bacchantische feste, deren
scherben dann die meinen sind,
und nirgends steht mein haus
so schief wie auf deinem
flüchtigen fundament.

geh jetzt, liebe,
ohne gruß und letzten blick,
damit die tränen mir gehören,
geh jetzt, endgültig,
ich bin müde, erschöpft und leer.

04.10.06

geglättet

aufdeinenwunschhinhabe
ichmichgeglättetsoganzohne
punktkommastrichundhabe
auchdieeckenabgeschliffen
damitessichflüssigerliest

sobrauchstdu
nichteinmalmehrzukauen
bevordumichschluckst

(für anja)

06.10.06

renovierung

unser bild aus
vergangenen tagen
hast du gestern
von der wand genommen

mit dem hellen fleck
auf der tapete wirke der raum
gleich viel frischer.

07.10.06

es ist zeit

es ist zeit
dich zu befreien
von mir
weil

bin dir zu fern
selbst wenn du meinen
atem spürst
weil

viel zu nah
wenn der wind meinen
kuss zu dir trägt
weil

es ist zeit
dich zu befreien
von mir
weil

die leere kommender tage
dich zerreißt

25.10.06

ich lasse dich jetzt lieben

ich lasse dich jetzt
lieben,
vom zärtlichen morgen
bis nachts in deine träume,

unheimlich und frei
die freude durch die straßen tanzen
dass auch der letzte noch
dein glück begreift

ich lasse dich jetzt
atmen,
in kräftigen zügen
das klare neue leben,

unheimlich und frei
die trauer durch die straßen tragen
dass auch der letzte
deinen schmerz erfährt

ich lasse dich jetzt
lieben,
unheimlich und frei

lasse ich dich jetzt

26.10.06

du hast

wie nur
hast du es geschafft
diese worte zu sprechen,
sie mir angespitzt und ohne warnung
in die brust zu stoßen,

wie nur
hast du es geschafft
diese klinge zu führen,
als ich dir mit geöffneten armen
zu hilfe eilte?

27.10.06

glashaus

ich kann dich sehen
von da
wo ich lebe,
durch mauern aus glas,
kann ein paar schritte weit
den weg mit dir teilen
und manchmal,
wenn ich den atem anhalte,
höre ich dich rufen
leise und schwach.

fände sich nicht
die spur deiner lippen
auf der kalten klaren haut –
wir hätten uns nie berührt.

27.10.06

mosaik

wann
immer du gehst
ohne gruß oder
zärtlichen blick

strafst du dich lügen
und es bricht
ein funkelnder stein aus
dem altar der liebe

bar jeder regung
greife ich danach
und füge ihn ein
in das mosaik meiner fragen.

04.11.06

dein schmerz

mit einem
wimpernschlag nur
brach dein blick bei
jenem wort,
und dieses eine,
gesprochene wort
riss dir die kraft aus dem leib,
den letzten atem,
bis selbst die wand
dich nicht mehr stützte

wie viel schmerz du bist
verstand ich,
als ich versuchte, ihn dir
zu nehmen.

05.11.06

konjunktiv (II präsens)

wenn sie
ihn heut' verließe
täte er nichts - gar nichts.
die tür fiele hinter ihr ins schloss
und er wäre allein.

er klagte nicht, weinte nicht,
zerschlüge nicht ihr porzellan,
das geerbte aus sittsamen zeiten.
ihre kleider ließe er wo sie sind,
labsal für die mottenschar,
und selbst ihre scheußliche
sammlung kitschiger püppchen
kostete ihn nicht mehr als
ein mildes lächeln.

wenn sie
ihn heut' verließe
täte er nichts – einfach gar nichts.
er atmete nur, zufrieden und sanft,
am weit geöffneten fenster.

06.11.06

beobachtung

ich liebe dich ich
liebe dich ich liebe
dich ich liebe dich
ich liebe dich

du sagst es so oft
als wolltest du dich selbst
durch den klang deiner worte
ihrer wahrheit versichern.

26.11.06

was du liest

dich in diesen zeilen
die katze im sack
licht unterm scheffel
das schaf in den wolken

blühende wiesen
die geliebte im schrank
singende puppen
perlen vor der sau

den mann im mond
gespenster vorm bett
sprechende fische oder
mich verpackt in worte

so liest du
was du sehen möchtest
in meinen zeilen.

02.12.06

die knospe

glaubst du
ich spürte nicht dass
du mich duldest
als zweite wahl mit
makel im gewebe,

glaubst du
ich wüsste nichts
von deinen tränen
um fliehende träume
und nichts von deinen
bangen blicken auf die
welkende zeit,

und glaubst du
noch immer, dass
dies die knospe ist,
der meine liebe
entspringt?

04.12.06

entspiegelt

sie sprach von respekt,
dem der anderen,
sie sprach zu ihm von
wahrheit und schein,

ließ ihn wissen
was sie verdiene, was
ihr gebühre in ihrem sein

sie sprach von vertrauen,
dem der anderen,
sie sprach zu ihm von
wahrheit und schein,

ließ selbst sich vermissen
was sie verdiente, was
ihr gebührte in ihrem sein.

04.12.06

klanglos

in dieser nacht
weinte ich
klanglose tränen
und meine liebe
blieb stumm,

weil das versprechen
zu leben zu groß
für mich war.

08.12.06

der wanderer

weit war er gegangen
seit seinem späten erwachen,
als er sich mit geschundenen füßen
erschöpft an der gabelung des weges fand.

er sank auf die knie,
wandte den blick zum horizont seiner linken,
und lauschte offenen herzens in die ferne,
wo es still blieb, unlebendig still.

mit trüben augen
wandte er den blick zum horizont seiner rechten,
und sah offenen herzens in die ferne,
wo der himmel brannte, in infernalischer glut.

er war weit gegangen,
seit seinem späten erwachen,
als er sich in der untergehenden sonne
an der gabelung des weges fand.

17.12.06

wunschlos

während einer zigarette nur
fallen mit kurzem schweif
drei sterne aus der nacht

und bei keinem von ihnen
regt sich in mir die kraft
zu wünschen.

14.12.06

verwittert

vergiss zu tanzen nicht, wenn
du angstgetrieben das gold von
unseren träumen schlägst, bis
auf gewöhnlich farblosen grund

worauf solltest du auch warten,
da du frei bist von hoffnung?
liebe, die zeit nicht erträgt,
verwittert von allein.

10.02.07

tropfen

tropfen um tropfen
höhlt nasser geist meine mauern,
spült weich, dünnt fugen,
wässert zweifel und angst.

dann weine ich,
verwaschen gelöst,
weine um dich, um mich,
weine um die liebe.

15.03.07

in dieser stille

in dieser stille
wird mein spiegel blind,
wie nach viel zu heißem bad

es dampft
aus jeder pore angst,
dünstet fort, weil
die glut nicht schwindet,
kriecht übers glas und löscht,
kaum dass die glieder ich noch spür,
mein selbst, dein bild von mir.

in deiner stille
wird der spiegel blind,
wie nach viel zu heißem bad.

23.03.07

die welle

ich brande an,
stürmisch grollend,
werfe mich auf dich,
packe dich, reiße an dir
mit urgewalt

ich laufe ab,
schäumend noch,
und ziehe grob in meine tiefen,
was du nicht halten kannst

ich brande an,
zärtlich rauschend,
lege mich zu dir,
streichle haut, belebe die sehnsucht
mit urgewalt

ich laufe ab,
umschmeichelnd noch,
und lasse dir aus meinen tiefen,
was ich dir geben kann.

10.06.07

ich lüge nie

ich lüge nie

aus spaß
für schnöden mammon
aus höflichkeit
um zu verwirren
für leichte wege
aus angst vor strafe
als guter gast
um zu verschonen
zu verkaufen
mich zu schönen
als fehl beschenkter
um zu salben
für gutes wetter
in not für leib und leben

ich lüge nur
für deine liebe.

04.06.07

im auge des sturms

plötzlich legt sich der sturm
und es ist still -
kein vogel steigt zum flug mehr
ins regungslose blau,

tropfen schweben müde,
abgeregnet, aus erstarrten
zweigen, um ohne laut
zu sterben,

was seele hat rings in den trümmern
harrt, wagt nicht zu atmen,
noch liegt der sturm,
und es ist still –

08.07.07

schön, dass die liebe noch fällt

schön, dass die liebe noch fällt.
doch selbst wenn sie es direkt
vor meinen füßen tut-
ich nehme sie heut nicht auf.
lieber schaue ich, ob sich für mich
nicht leichteres gepäck noch findet.

erfreulich auch, dass du mich träumst.
doch selbst wenn sich die pforten öffnen
zu deinem himmlischen schloss -
ich trete heut nicht ein.
lieber noch wärme ich mich in
den eigenen kalten mauern.

schön, dass die liebe noch fällt.
doch selbst wenn sie es direkt
vor meinen füßen tut -
sie nimmt mich heut nicht auf.
lieber schaut sie, ob sich für sie
nicht leichteres gepäck noch findet.

15.08.07

perspektive

als unsere wege sich kreuzten,
hielt ein schmerz mir die hand
und grinste mit stahlkaltem blick
verachtung auf dein haupt.

als sich die wege heut kreuzten,
hielt eine liebe mir die hand
und flehte wortlos infantil
um die wärme deiner augen.

26.10.07

konstruktiv

wenn du irgendwann
vertrauen zu mir hast,
melde dich bei mir...

damit wandtest du dich ab
und gingst.

26.10.07

vertrauenssache

glaubst du mir in momenten,
in denen du selbst
lügen würdest?

26.10.07

bestrafe mich

bestrafe mich dafür,
dass ich abbrach
die brücke ins
gestern

verachte mich dafür,
dass ich es leise tat,
weil der weg zu
jenem fälligen bau
mich beschämte

und erspare dir getrost
jedes weitere wort,
das von deinem
zu meinem ufer
nicht trägt.

12.11.07

erblühe, flüstert die sonne

erblühe,
flüstert die sonne dem baum,
treibe neu
aus jungen knospen,
schenke mir das frische grün,
das ich dir bade im
warmen licht des lebens.

geh vorüber,
entgegnet blass der baum,
versinke wieder am horizont,
ich trage dir nach
die untreu des winters,
als nackt in hämischen winden
ich fror.

erblühe,
flüstert die sonne,
wärme dich, atme, lebe –

geh vorüber,
entgegnet blass der baum,
ich trage dir nach
die untreu des winters.

13.11.07

tragisch

in meinen kindertagen
wusste ich
was ich sollte,
noch bevor ich es wollte.

heute
weiß ich
was ich darf,
ohne es zu können.

19.11.07

der antiquar

mit trüben augen,
gebeugt von der schwerkraft
aller zeit ringsum
geht er müden schrittes
die mauer aus büchern ab,
und findet zwischen
tod und froher botschaft
seinen besonderen schatz,
die geschichte einer liebe.

es braucht kein sehen
für diesen prächtigen band,
der schwanger geht mit erinnerung.
unter tausenden würde er ihn erkennen,
allein am duft des ledernen lebens,
unter tausenden würde er
ihn erfühlen mit kapitalen lettern,
die so golden sind und
so tief geprägt.

gebeugt von der schwerkraft
aller zeit ringsum
versinkt er
in seinem besonderen schatz,
gebiert die erinnerung
zwischen tod und froher botschaft,
und atmet tief seine liebe,
die so golden war und
tief geprägt.

18.12.07

morgen wirst du wissen

morgen wirst du wissen
wie groß meine schritte waren,
wirst dich umschauen und
deine jungen spuren
mit den meinen messen

du wirst graben im berg
der erinnerungen und
fragen vielleicht
nach meinen fragen

wirst wissen
welche ängste mich lähmten,
wirst dich umschauen und staunend
lächeln über meine zweifel

morgen wirst du wissen
welche frucht mein samen trägt,
wirst dich umschauen und
deine jungen träume
mit den meinen messen

(meiner lieben saskia)

14.06.08

was mein leben ist

bleib bei mir,
bei jedem fall zur erde,
bleib bei mir und berühre mich
mit deiner knochigen hand

nimm mir die flügel,
weise mir mein schicksal und
glaube mir, dass ich dich nicht verlache
wenn das tuch mich trägt

bleib bei mir,
bei jedem fall zur erde,
bleib bei mir, flüstere mir
was das leben ist

und wisse dabei,
dass ich dich nicht verlache
wenn das tuch mich trägt.

10.06.08

der mörder

ich habe getötet,

mich schuldig gemacht,
an dir, deiner sehnsucht,
deinen träumen,
habe mich schuldig gemacht
mit hoffnung in deinem ohr,
und meiner haut an deiner

jedoch -
in gutem glauben,
denn was wäre die liebe,
wenn nicht gut?
und was der glaube
ohne liebe?

ich habe getötet,

doch mein alibi bleibt schwach
in den augen deiner klage,
sei es auch jung noch, zart
und auf der suche nach halt,
schuldig bin ich,
denn ich habe getötet

die liebe für die liebe.

09.07.08

einfach so

da schreibst du
dich mir über den weg,
einfach so
nach all der zeit,
in der die tage
dich prügelten wie einen
streunenden hund,

erzählst von sühne ohne schuld,
wahn und sinn der liebe
und davon, wie das
schicksalstier hoffnung reißt

dann schreibst du mir,
einfach so,
von jenem weg in den jahren,
als der mann deine seele küsste
und nicht die haut und

einfach so
verachtest du das leben?

(für monique)

22.08.08

janus

recht
hast du getan
als du fortgingst

und mir gezeigt
vor wem ich
die flucht nicht hätte
ergreifen sollen.

22.08.08

manchmal

klein will ich sein
manchmal
nackt und frierend klein

will fragen nur
mit meinen augen
doch die antwort nicht hören
mich halten an dir
bis das beben des tages verebbt

müde will ich sein
manchmal
tief und traumlos müde

will wissen nur
in deiner wärme
und in der dämmerung des geistes
meinen namen geflüstert
von deinen lippen auf meine haut.

22.08.08

ikarus

noch trunken von dir
erwache ich,
öffne, nur einen lidschlag weit,
die augen,

da tropfst du heiß
aus meinen schwingen
trägst nicht mehr
lässt mich stürzen,
taumeln zu grund

zerschlagen leblos
dämmert mir, dass ich
der sonne wohl doch
zu nahe gekommen bin.

22.08.08

kostspielig

wie groß
ist dein reichtum
an liebe, dass du
jeden bescheidenen moment
unseres glückes
mit einer ewigkeit sehnsucht
bezahlst?

23.08.08

wunder

der erdboden
müsste längst sich aufgetan,
mich verschluckt haben
ob meiner schuld und
meiner scham

dennoch darf ich
jetzt hier sein,
mit dir,
und dich lieben.

27.08.08

eiszeit

der meteor ist
eingeschlagen,
vorhersehbar gewaltig
in den kern unserer welt

totenstill, staubdunkel
erstickt die sonne,
verlebt sich in
eisblauem seufzen

jetzt stirbt
die liebe aus,
die einzige
deiner art.

(für s.)

14.09.08

balance

in die waagschale geworfen

dich, meine liebe auf
die eine –

mein hier und jetzt
auf die andere seite –

habe ich uns
gleichgewichtig
ins
aus balanciert.

15.09.08

salzfeucht

von hier ab nur allein
sagst du,
dann kann ich atmen,
lieben noch

deine wunden füße
brennen,
der horizont verschwimmt
in salzfeuchten seen

rufe nicht, winke nicht
sagst du,
denn ich kann sehen,
hören noch

unsere wunden füße
brennen,
der horizont verschwimmt
in salzfeuchten seen

von hier ab
nur allein.

15.09.08

reinkarniert

besiegt,
vergessen geglaubt
kehrt er zurück,
wiedergeboren inmitten
des sterbens

kämpft als kind
im manne,
in nackter angst
mit dünnem atem
um ein leben.

15.09.08

nimm mich mit

nimm meine liebe
mit auf deinen weg,
trage sie bis hinter
den horizont

dort werde ich
auf uns warten,
mit der deinen im herzen.

16.09.08

schweigen

mich zu besiegen
ist leicht

so leicht

entwaffnen
verwunden
den dolch ins herz
auge in auge
töten

einfach nur

16.09.08

Nico Schieback wurde 1973 unweit von Leipzig geboren. Nach der Schulzeit, die ihn unter anderem an die Freie Schulgemeinde Wickersdorf führte, legte er sein Abitur ab und studierte an der Friedrich-Schiller-Universität Jena Anglistik und Slawistik.

In zweiter Ehe verheiratet, lebt und arbeitet er als Rettungsassistent / Pharmareferent in der Wartburgstadt Eisenach.